PRIX : UN FRANC

La Législation
DES EXPROPRIÉS

MANIÈRE DE DÉFENDRE SOI-MÊME
SES INTÉRÊTS
EN CAS D'EXPROPRIATION
POUR CAUSE D'UTILITÉ PUBLIQUE

CONSEILS PRATIQUES

NOAT, IMPRIMEUR
1, Rue Garnier — NICE

La Législation des Expropriés

CONSEILS PRATIQUES

PRIX : *UN FRANC*

La Législation

DES EXPROPRIÉS

MANIÈRE DE DÉFENDRE SOI-MÊME
SES INTÉRÊTS
EN CAS D'EXPROPRIATION
POUR CAUSE D'UTILITÉ PUBLIQUE

CONSEILS PRATIQUES

NOAT, IMPRIMEUR

1, Rue Garnier — NICE

Avant-Propos

Nul n'est censé ignorer la Loi; telle est la maxime générale sur laquelle repose toute la législation française.

Malgré l'instruction développée, bien peu de gens connaissent la Loi, que dis-je, ne savent même pas ce que signifie législation, qu'on pourrait traduire par casse-tête et chinoiseries : les privilégiés qui en ont quelques notions finissent par abandonner la partie, tant leur tâche est rude et difficile.

Ils s'en réfèrent le plus souvent à un avocat, un notaire, un homme d'affaires, pour retrouver leur chemin perdu dans le maquis de la procédure.

De là, des frais d'études, de premières démarches et d'honoraires.

Le petit opuscule que j'ai l'honneur aujourd'hui de présenter au public, n'est pas, à proprement parler, un livre de littérature ou de sciences ; c'est tout simplement un recueil de bons conseils et d'une saine pratique que doit employer, à bon escient, le lecteur pour défendre lui-même ses intérêts, dans le cas où il serait exproprié.

Il existe actuellement en France, plusieurs sociétés qui se chargent, à leurs risques et périls, du soin de défendre elles-mêmes votre patrimoine.

Vous devez le comprendre, ami lecteur, que ces Sociétés ne se dérangent pas pour vos beaux yeux et que leur travail est très rémunérateur.

Vu qu'elles prélèvent un tant pour cent, variable entre la différence de l'offre légale et la somme que vous alloue le Jury, cela vous fait un pourcentage assez élevé.

Cette différence, pourquoi ne l'économisez-vous pas dans votre intérêt ? Cela représente à mon avis une certaine somme que l'on doit prendre en considération.

Même parfois l'administration expropriante réduit le chiffre de l'offre légale en vous voyant assuré à telle ou telle société.

Ces sociétés sont très bonnes et parfois même utiles pour les personnes très occupées par leur commerce ou leurs affaires et qu'une question d'une centaine de francs en plus ou en moins n'effraie pas.

Dans ce cas-là, votre règle de conduite est toute tracée ; vous ne pouvez vous-même, à cause de telle raison, défendre vos intérêts ; ceux-ci en pâtiront, alors il est juste et naturel que vous vous adressiez à une compagnie qui fera le nécessaire.

Mais dans le cas contraire, si vous êtes jeune, alerte, intelligent, pourquoi prendre un intermédiaire pour régler votre situation ?

Faites vous-même tous les actes que nécessite l'expropriation, accomplissez toutes les démarches, levez tous les plans que vous croyez et que vous jugez utiles à montrer aux yeux des Jurés ; vous ferez cela à tête reposée, vous défendrez vous-même vos intérêts, et une fois tout votre dossier bien prêt, vous le confierez à votre avocat ; et, vous le savez aussi bien que moi, ami lecteur, que le meilleur serviteur c'est soi-même.

Voilà le but que je me propose en écrivant ce livre : offrir au public un livre utile et sain, qu'il consultera toujours avec fruit et qui sera, pour lui, un conseiller et un ami.

J. L. C.

La Législation des Expropriés

Article 1er. Loi du 3 Mai 1841

L'expropriation, pour cause d'utilité publique, s'opère par autorité de justice.

L'article 545 du Code Napoléon dit : « Nul ne peut être contraint de céder sa propriété, si ce n'est pour cause d'utilité publique et moyennant une juste et préalable indemnité ».

Article 2. Qu'est-ce que l'expropriation.

L'expropriation est le cas où l'administration s'empare d'un immeuble, non pas pour un temps limité, mais d'une façon définitive et enlève le dit immeuble à la propriété privée pour le faire passer dans le domaine public.

Dans quels cas l'expropriation n'est-elle pas applicable ?

L'expropriation n'est pas applicable sur les biens de l'Etat, du Domaine public, des Départements ou des Communes.

Il n'y a lieu dans ces cas qu'à un simple changement d'affectation par décret.

Les biens mobiliers ne peuvent non plus être expropriés ; ils ne peuvent donner lieu qu'à des réquisitions militaires.

Quels sont les biens que l'expropriation peut atteindre ?

L'expropriation peut atteindre les biens de mineurs, des absents, des femmes mariées ; les biens du domaine privé de l'Etat, des Départements, des Communes et des Etablissements publics.

Le sous-sol du terrain peut être également l'objet d'une expropriation séparée.

Exemple : pour un tunnel.

Article 11

Les Tribunaux ne peuvent prononcer l'expropriation qu'autant que l'utilité a été constatée et déclarée dans les formes prescrites par la présente loi.

1° Dans la loi ou le décret qui autorise l'exécution des travaux pour lesquels l'expropriation est requise ;

2° Dans l'acte du Préfet qui désigne les localités ou territoires sur lesquels les travaux doivent avoir lieu, lorsque cette désignation ne résulte pas de la loi ;

3° Dans l'arrêté ultérieur par lequel le Préfet détermine les propriétés particulières auxquelles l'expropriation est applicable.

L'expropriation ne peut avoir lieu qu'autant que *l'Utilité Publique* a été régulièrement constatée.

On entend par utilité publique non seulement l'intérêt de l'Etat mais aussi celui des Départements ou des Communes et encore des Bureaux de Bienfaisance, Hospices. et également des Associations Syndicales autorisées.

En elle-même, l'expropriation ne suppose pas nécessairement que les travaux soient affectés à un service public quelconque : écoles, hôpitaux, chemins de fer, routes, il suffit que les dits travaux présentent une utilité dont la mesure dépasse l'intérêt privé.

Les trois actes, prescrits ci-dessus par les articles 1 1 et 3 pour la constatation de l'utilité publique, sont les formes substantielles de l'expropriation.

En l'absence de l'une d'elles, les tribunaux n'ont pas le pouvoir de prononcer l'expropriation (arrêt de la chambre civile du 6 janvier 1836).

Donc, il est entendu que l'expropriation n'est pas prononcée si l'acte désignant les localités ou territoires ou si l'arrêté ultérieur par lequel le Préfet a déterminé les propriétés particulières ne sont pas représentés.

Cet arrêté dans la pratique a reçu le nom d'*ARRÊTÉ de cessibilité*.

Cependant, il n'est pas nécessaire qu'un acte spécial du Préfet intervienne pour désigner les localités si cette désignation se trouve dans la loi ou dans le décret d'expropriation.

Il arrive souvent que les trois formes prescrites par le paragraphe 2 de l'article 11 se renferment souvent en deux actes au lieu de trois, les deux premiers actes se réunissent en un seul.

Mais la désignation des localités par acte du Préfet est nécessaire et indispensable si la loi ou le décret d'expropriation s'est borné à autoriser abstractivement les travaux ; mais si dans le cas contraire, les travaux auraient été étudiés et les plans arrêtés, pour que la désignation des localités puisse être faite par la dite loi ou décret, et si la désignation a été insérée, l'acte du Préfet ne reporterait que ce qui a été déjà dit, aussi n'est-il requis que dans le silence du décret ou de la loi d'expropriation.

L'administration peut scinder, couper en deux, les travaux qu'elle a à faire et qu'elle est autorisée à accomplir.

Dans ce cas, elle ne peut désigner que les localités nécessaires à la partie de l'opération.

Mais si la loi ou le décret lui a permis d'exécuter la

dite manœuvre, l'arrêté de cessibilité est toujours indispensable, même si l'application d'expropriation aux propriétés particulières aurait été accomplie par la loi ou décret ; car cet arrêté place la propriété privée sous la menace légale d'expropriation.

Pour cela, vous devez présenter une requête au tribunal par ministère d'avoué ; le tribunal ordonne la communication de la requête au Préfet qui en accuse réception et renvoie les pièces.

Dans les trois jours de la réception des pièces, le tribunal statue.

Le dit arrêté ouvre au propriétaire, à l'exclusion de tout autre intéressé, le droit de requérir lui-même l'expropriation de ses immeubles si l'administration reste plus d'un an à la faire prononcer.

La loi prescrit que cet arrêté soit rendu séparément.

Le dit arrêté de cessibilité peut être refusé pour la désignation des propriétés particulières à la loi ou au décret qui la précède.

On voit par là qu'il est indispensable qu'il y ait un arrêté spécial et distinct de cessibilité, et, en outre il faut que ce décret soit postérieur à la loi ou décret d'expropriation.

Il faut que cet arrêté soit complet par lui-même et qu'il contienne les indications nécessaires pour déterminer les propriétés atteintes d'expropriation, cela sans emprunter le secours des actes qui l'ont précédé.

Les désignations, requises dans les actes préparatifs de l'utilité publique, peuvent être faites à l'aide de renvois aux plans annexés à cet acte.

Il importe surtout que les portions de terrain à exproprier soient nettement déterminées et que rien ne s'oppose à ce que cette désignation, au lieu de résulter d'indications écrites, soit faite à l'aide d'un plan.

Egalement les actes qui déclarent l'utilité publique ainsi que la loi ou le décret d'expropriation ne peuvent être appliqués qu'à l'objet qu'ils ont expressément prévu.

Mais il faut tenir compte, dans ce cas-là, que ces actes doivent recevoir une large et sincère application.

Le Tribunal chargé d'expropriation appréciera dans ce cas.

Donc, en résumé, les formes légales d'expropriation se réduisent comme suit :

Déclaration d'utilité publique. Tous les projets ou plans divers de travaux publics préparés par l'administration, doivent être soumis à une première enquête portant sur l'utilité des travaux.

Cette enquête doit précéder la déclaration d'utilité publique, et il ne faut pas confondre la dite enquête avec celle qui, postérieurement à la déclaration d'utilité publique, doit précéder l'arrêté de cessibilité.

L'utilité publique est déclarée, suivant la nature des travaux, soit par un décret rendu en la forme des règlements d'administration publique, soit par un décret rendu en la forme ordinaire, soit par une délibération du Conseil Général ou de la Commission Départementale et enfin soit par une loi.

Quel est l'effet de la Déclaration d'Utilité Publique ?

Cette déclaration a pour objet d'autoriser l'Administration à recourir à l'expropriation et, si elle ne l'opère pas, les propriétaires dont les immeubles sont compris dans les projets de travaux conservent la facilité de disposer des dits immeubles, de les vendre ou de les louer.

Les décrets déclaratifs d'utilité publique, les délibérations des Conseils Genéraux et des Commissions Départementales, peuvent être attaqués, devant le Conseil d'Etat, par la voie de recours pour excès de pouvoir. Le dit recours n'est pas suspensif et n'a d'effet qu'en cas d'inobservation des formes prescrites par la loi ou les règlements.

Détermination des Propriétés à céder à l'Administration

L'arrêté de cessibilité doit précéder la confection des plans parcellaires et la publication à l'enquête de leur soumission.

Comment confectionne-t-on les Plans parcellaires?

Ces plans sont établis distinctement pour chacune des communes sur les territoires desquels on établira l'expropriation.

Ces plans font connaître toutes les parcelles de terrains à exproprier, leur nature, leur métrage exact, les bâtisses et constructions qui y sont élevées, les noms des propriétaires.

Vous devez laisser entrer, vous, l'exproprié, dans votre propriété, même close, les ingénieurs et les agents de l'administration, qui viennent lever leurs plans excepté dans les habitations.

Les dits ingénieurs ou agents doivent être à cet effet autorisés par un arrêté préfectoral, affiché à la Mairie au moins dix jours à l'avance et vous devez être averti pour vos terrains clos, au moins cinq jours avant la visite des dits fonctionnaires.

En votre absence et celle de votre gardien, il faut l'assistance du Juge de Paix.

Si vous vous opposiez à l'exécution des dits plans, vous encoureriez un emprisonnement de trois mois à deux ans et une amende proportionnelle. (Code pénal, art. 438).

Enquête

Le plan parcellaire, une fois fait et établi, est déposé à la Mairie pendant huit jours.

Un procès-verbal est ouvert pour recevoir vos observations et vos réclamations.

Le délai de huitaine commence à courir le lendemain du jour où est publié, dans un journal de la localité ou par affichage, l'avertissement du dépôt du plan à la Mairie.

Vos observations doivent être présentées par écrit, mais vous pouvez les développer oralement devant la Commission d'enquête, réunie à la Sous-Préfecture, sous la présidence du Sous-Préfet, et composée de quatre membres du Conseil Général ou du Conseil d'Arrondissement, désignés soit par le Préfet ou le Maire de la commune où vos immeubles sont situés et un des ingénieurs chargés de l'exécution des travaux.

La Commission donne son avis sur la nature de vos réclamations et prépare les renseignements nécessaires sur lesquels l'Administration devra se prononcer.

Enfin les enquêtes terminées, le Préfet détermine, d'une manière définitive, les propriétés utiles et indispensables par l'arrêté de cessibilité qui est rendu sans l'intervention du Conseil de Préfecture.

Cet arrêté peut apporter aux plans certaines modifications jugées utiles et peut même comprendre dans l'expropriation des propriétés qui n'étaient pas prématurément comprises.

Donc, dans ce cas, un recours au Conseil d'Etat ne peut être fondé sur l'expropriation d'une petite quantité de terrain comprise dans le dit arrêté et qui n'est pas nécessaire à l'exécution des travaux.

Ceci lorsque le décret déclaratif d'utilité publique n'a fait aucune désignation des immeubles à céder.

Cet arrêté indique l'époque de la prise en possession, sous réserve de la fixation et du payement préalable de l'indemnité.

On a vu que le dit arrêté pouvait être déféré au Conseil d'Etat, tant que le jugement d'expropriation n'est pas devenu irrévocable.

Appréciation des terrains

Suivant les travaux qu'ils ont à exécuter, les ingénieurs évaluent directement les indemnités qui peuvent être offertes aux propriétaires expropriés.

Même dans certains cas c'est le Préfet lui-même qui désigne des appréciateurs pour préparer les évaluations d'indemnités.

Les rapports préparés sont adressés au Préfet qui fixe par un arrêté les indemnités qu'il croit devoir être allouées, et en dresse un état qu'il communique au Ministre pour être soumis à son approbation.

Jugement d'Expropriation

Lorsque l'administration ne peut parvenir à vous convaincre à accepter ses offres et à traiter amiablement avec elle, elle confie l'affaire au Préfet qui transmet au Procureur de la République de l'Arrondissement où sont situés les territoires à exproprier : 1° la copie exacte et certifiée de l'acte déclaratif de l'utilité publique ; 2° l'arrêté de cessibilité ; 3° toutes les autres pièces requises pour constater l'accomplissement des formalités prescrites par la loi.

Muni de ces pièces, le Procureur de la République requiert alors le Tribunal de prononcer l'expropriation.

Le Tribunal, après avoir vérifié si les formalités qui doivent précéder l'expropriation ont été scrupuleusement remplies, et sur le réquisitoire, prononce l'expropriation.

Ce jugement est de suite, à peine de nullité, notifié aux propriétaires et est également porté à la connaissance des tiers intéressés à l'expropriation, par affichage et par insertion dans un journal du territoire.

Dans la quinzaine vos créanciers peuvent faire inscrire leurs privilèges et leurs hypothèques ; à défaut d'inscription dans ce délai, l'immeuble est affranchi de tous droits réels, mais les droits des créanciers s'exerceront sur l'indemnité comme sur un prix de vente ordinaire.

Pourvoi

La seule voie de recours admise contre le dit jugement d'expropriation est le pourvoi en cassation.

Ce pourvoi peut être formé au plus tard dans les trois jours qui suivent celui de la notification du jugement, ce jour non compris.

Sa recevabilité est subordonnée à la consignation d'une amende de soixante-quinze francs, plus les décimes, que l'on doit consigner entre les mains du receveur de l'enregistrement.

Ensuite on doit déclarer au greffe le dit pourvoi et le notifier à l'administration expropriatrice dans un délai de huitaine, à peine de déchéance.

Votre pourvoi est porté directement devant la Chambre Civile de la Cour de Cassation qui doit statuer dans le mois de la réception des pièces.

Vos griefs, qui peuvent servir de base à votre pourvoi, sont : l'excès de pouvoir, l'incompétence, les vices de forme et la contravention à la loi.

La cassation du jugement annule tout ce qui a été fait en vertu de ce jugement, même y compris la décision du Jury si elle est intervenue, et cela à l'égard de tous ceux auxquels cette décision attribue l'indemnité, quoique le jugement ne soit cassé qu'à l'égard de l'un d'entre eux et s'il n'est pas possible de discerner la part d'indemnité qui le concerne.

Effet du Jugement d'Expropriation

Son effet est de transférer à l'expropriant la partie de l'immeuble avec tous ses droits et ses obligations qui en découlent et de résoudre tous les droits et convertir en droits de créanciers au profit de ceux auxquels ces droits appartenaient.

Vous pouvez néanmoins conserver votre immeuble jusqu'au payement de l'indemnité et vous pouvez percevoir les fruits civils et naturels qu'il produit.

Vos baux en cours sont annulés, mais vos locataires en conservent aussi la jouissance, ceci à titre de garantie du payement de l'indemnité à laquelle ils ont droit.

Indication des divers Ayants droit

Quand vous, propriétaires, vous avez reçu notification du jugement d'expropriation, vous devez faire connaître, dans la huitaine, à l'administration les locataires, fermiers, les personnes ayant dıoit d'usufruit, d'habitation, d'usage, et celles qui peuvent réclamer des servitudes résultant de vos actes ou de vos prédécesseurs.

Si vous manquez à ces prescriptions, vous êtes responsable vis-à-vis des locataires, fermiers, etc., de l'indemnité spéciale que l'administration aurait dû leur payer.

Dans le cas où vous ne les dénonceriez pas, les fermiers, locataires sont libres de se faire connaître eux-mêmes à l'administration dans le délai de huit jours, mais vous êtes responsable vis-à-vis d'eux de l'indemnité à laquelle l'expropriation leur donne droit.

Tous les autres intéressés, les créanciers hypothécaires, les sous-locataires, etc., doivent se faire connaître eux-mêmes à l'administration dans le délai de huit jours.

Pour dénoncer vos locataires ou fermiers, une simple lettre suffit.

Offres — Notification des Offres

Vous devez faire connaître à l'administration, dans le délai de huit jours, tous les intéressés de tout ordre qui prétendent à une indemnité.

L'administration fait alors connaître ses offres, elle vous les notifie.

Il est entendu que, soi-disant, ses offres doivent comprendre tous les éléments du dommage, mais il n'est pas nécessaire qu'elles soient l'équivalent du préjudice que vous subissez.

On admet même qu'elles peuvent baisser valablement jusqu'à un franc.

Toutes les offres doivent être faites d'une manière distincte et particulière à chacun des expropriés, propriétaires, locataires, usufruitiers, etc.

Les offres doivent être en outre publiées et affichées dans un endroit public.

Délai que la Loi vous accorde pour accepter ou refuser

Vous avez un délai de quinze jours pour faire connaître à l'administration si oui ou non vous acceptez ses offres.

Ce délai ne commence que du jour où l'affichage, les publications et les notifications ont été légalement remplis.

D'ailleurs si pour le moment vous refusez les offres vous pouvez toujours les accepter et, plus tard, faire valoir vos droits devant le Jury.

Seulement, vous encourez la condamnation aux dépens.

Pour les mineurs, les incapables, l'Etat, les Communes, le délai est porté à un mois au lieu de quinze jours.

JURY

Sa formation. De quelles personnes il se compose

Les personnes qui peuvent être appelées à faire partie du Jury d'expropriation sont sur une liste dressée par le Conseil Général dans sa deuxième session ordinaire.

On désigne trente-six individus au moins et soixante-douze au plus pris dans la liste électorale.

Pour Paris, le nombre de Jurés est de six cents, et pour Lyon, de deux cents.

Comment on est désigné Juré pour une Expropriation

Ce droit appartient à la première Chambre de la Cour d'Appel, dans le département où elle siège et pour les départements où la Cour d'Appel n'existe pas, à la première Chambre du Tribunal du chef-lieu. Ces Tribunaux ont le pouvoir sur la réquisition du Préfet et même au besoin de l'exproprié pour désigner les personnes qui doivent faire partie du Jury d'expropriation.

Exclusions

Sont exclus du droit de faire partie du dit Jury : Les propriétaires, usufruitiers, locataires, fermiers, des terrains ou bâtiments désignés pour être expropriés.

De même les créanciers qui ont inscription sur les immeubles de l'exproprié ; et, en général, toute personne intéressée d'une façon ou d'une autre dans l'expropriation, est exclue.

C'est le Préfet ou le Sous-Préfet qui ont le droit de convoquer les Jurés.

La convocation doit faire connaître les lieu, jour et heure de la réunion du Jury.

La convocation doit être faite au moins huit jours avant la réunion du Jury, cela sous peine de nullité.

Si par hasard, n'étant pas exproprié ou intéressé dans l'expropriation, le soit vous désigne à être juré, vous ne pouvez pas vous soustraire à cette obligation, sauf en cas de motifs légitimes, maladie par exemple.

Dans le contraire vous subissez, de ce chef, une amende de cent à trois cents francs.

Récusation

La récusation est un pouvoir que la loi met à la disposition de l'exproprié et de l'expropriant pour récuser deux jurés.

La récusation doit être péremptoire, c'est-à-dire que vous n'êtes pas obligé de donner des motifs.

Dans le cas où plusieurs expropriés sont intéressés dans l'affaire, ils doivent s'entendre, au préalable, pour exercer les deux récusations accordees par la Loi.

Donc, sur les seize jurés appelés pour fixer l'indemnité, il n'en reste que douze après la récusation.

S'il n'y a pas de récusation, il appartient au magistrat directeur de retrancher les quatre derniers noms sur la liste des seize Jurés.

Pour délibérer valablement, il faut que les Jurés soient au moins neuf.

Serment des Jurés

Avant de commencer les opérations, chaque Juré prête serment « de remplir ses fonctions avec impartialité ».

Instruction et Jugement

C'est le greffier qui assiste le magistrat directeur. qui rédige les opérations du Jury.

Ce rapport est destiné à fournir la preuve de la régularité des opérations.

Le magistrat directeur, qui n'est autre qu'un Juré que les autres Jurés ont mis à leur tête, produit les pièces d'expropriation.

Il soumet aux Jurés :

1° Le tableau des offres et des demandes notifiées ;

2° Les plans parcellaires où doit se faire l'expropriation ;

3° Les divers documents produits par la partie expropriée à l'appui de sa demande.

D'ailleurs, cette formalité de production de documents, n'est qu'une formalité substantielle.

Remarque Importante

Dans la pratique, il est bon de ne jamais rien préciser au point de vue de votre demande, ce n'est qu'au dernier moment par l'organe de votre avocat que vous faites parvenir au Jury vos prétentions.

Les audiences d'expropriation sont publiques, et elles sont présidées par le magistrat directeur, qui en a la police.

Remarque Capitale

Les parties peuvent développer elles-mêmes leurs moyens de défense ; elles peuvent, en outre, charger un mandataire de leur choix.

Votre avocat n'a pas besoin d'une procuration écrite de votre part pour defendre vos intérêts.

Le Jury peut décider, s'il le juge utile, de se transporter sur les lieux pour visiter les parcelles de terre ou immeubles expropriés.

Vous êtes forcé d'assister à la dite visite des lieux sous peine de nullité de la décision du Jury.

Remarque. — Le Jury peut siéger les jours fériés

Jugement

Quand la partie adverse a développé sa thèse pour faire voir au Jury qu'au lieu de vous payer ce serait vous qui devriez rembourser la partie expropriante parce que vous retirez, plus ou moins, certains bénéfices de l'expropriation.

C'est à vous alors de présenter votre défense et de faire valoir par tels ou tels arguments importants le préjudice que vous porte à vous ou à votre entreprise, l'expropriation.

Les plaidoiries, d'une partie et de l'autre, entendues, les Jurés se retirent, dans une salle mise à leur disposition, pour délibérer, toujours sous la présidence du magistrat directeur.

Le Jury examine les plans, devis, croquis que vous avez fait faire à cette intention.

La décision doit être prise à la majorité absolue de voix ; en cas de partage, la voix du magistrat directeur est prépondérante.

Remarque. — La décision du Jury ne vous est pas motivée, n'est assujettie à aucune forme, sauf qu'elle est écrite par le magistrat directeur et signée par tous les Jurés.

Quand la délibération est terminée, les Jurés rentrent en séance, et le Président donne lecture de leurs décisions.

Cette décision, une fois proclamée, est *irrévocable* ; elle n'est susceptible de recours que de pourvoi en cassation.

La décision du Jury est exécutoire et l'expropriant est envoyé en possession, à charge naturellement avant tout, d'acquitter entre vos mains l'indemnité qui vous a été allouée.

Egalement, la dite décision doit taxer les dépens.

Ceux-ci varient suivant le cas ; si l'indemnite n'est pas supérieure aux offres de l'administration, vous supportez les dépens ; si elle est égale, l'administration les paye ; si elle est supérieure, les dépens sont compensés de manière que les parties supportent la taxe suivant le chiffre d'offre et de la demande.

Il s'élève parfois quelques difficultés pour rendre applicable la décision du Jury.

Par exemple une erreur de contenance, des difficultés pour des traités amiables, etc. Ce sont les tribunaux civils qui sont compétents pour statuer dans ces cas et même pour l'exécution de la décision prise par le Jury.

Réquisition d'acquisition totale

Il arrive parfois, et même souvent, que l'expropriation morcelle votre propriété ou votre immeuble et cela d'une façon telle que la portion de terrain qui vous reste, devient inutilisable ou quelque chose d'approchant.

Que devrez-vous faire en ce cas ?

La loi reconnaît par elle-même le droit à l'exproprié d'exiger que l'expıopriant acquiere la propriété en entier.

Il y a une différence à établir à ce point de vue.

Quand il s'agit d'un immeuble, l'acquisition totale peut être requise sans qu'il soit tenu compte de la superficie de l'emprise.

Il faut que les bâtiments forment un tout indivisible et affecté à un même usage.

Lorsqu'il s'agit de terrains nus, il faut pour que l'acquisition totale puisse être requise que la portion restante n'excède pas le quart de la contenance totale.

Que vous ne possédiez pas un terrain contigu, et que la parcelle de terre soit inférieure à dix ares.

Mais il faut en passant remarquer une chose qui a une très grande importance au point de vue pratique.

C'est que :

La réquisition d'acquisation totale constitue, pour la partie de l'immeuble non atteint par l'expropriation, une vente volontaire de votre part, donc les baux de votre immeuble ne sont pas éteints ainsi que les droits de servitudes, d'usufruits, d'habitation et autres.

Vous en êtes donc responsable.

Délai pour recourir à la réquisition d'acquisition totale

Vous avez devant vous quinze jours à partir de la notification des offres par l'expropriant et un mois quand il s'agit d'incapables sous la tutelle de leurs représentants.

Vous pouvez adresser vos prétentions, soit au magistrat directeur, soit directement à l'administration expropriante.

Cette dernière est tenue de vous signifier des offres nouvelles et de vous laisser un délai de quinze jours pour réfléchir, ceci sous peine de nullité pour la décision du Jury.

Evaluation de l'Indemnité

L'indemnité que vous devez recevoir en guise de compensation se compose de divers éléments que vous devez faire rentrer en ligne de compte dans votre demande.

1° La valeur vénale de votre immeuble, c'est-à-dire la valeur que vous pourriez réaliser si vous vendiez à un ami ou à un étranger votre propriété ;

2° Vous devez faire remarquer l'usage que vous faisiez de votre immeuble ;

3° La valeur des objets mobiliers que vous avez

réellement attachée aux fonds, murs, balustrades, portails, grottes, etc. ;

4° Les richesses minérales que votre sous-sol peut renfermer : pierres, sable, ardoises, terre à briques, les bâtiments industriels, les plantations diverses du sol.

Ceci, à moins naturellement que vous ayez fait des réparations ou embellissements de fraîche date, qui indisposent défavorablement le Jury, qui voit dans vos procédés une manière peut-être indélicate d'obtenir une indemnité un peu plus forte.

Les dommages, moins value, qui peuvent être la conséquence directe ou indirecte de l'expropriation.

La dépréciation résultant du morcellement de la propriété.

Au besoin même de la suppression des servitudes.

Ne jamais faire remarquer que les travaux qui suivront l'expropriation donneront une valeur plus grande à vos immeubles, car cette clause est prise en très grande considération par la partie expropriante.

L'indemnité que vous devez recevoir doit être complète, c'est-à-dire qu'elle doit porter sur toutes les demandes sans exception.

L'indemnité doit, en outre, sous peine de nullité, consister en une somme d'argent, à moins que vous-même exproprié vous ne consentiez à admettre d'autres élements d'indemnité, par exemple des travaux que vous exécuterez vous-même pour le compte de l'expropriant ou bien des matériaux de démolition, etc.

Intéressés, Droits d'habitations, Servitudes, Usufruits. etc.

Le Jury doit fixer une indemnité distincte pour chacun des expropriés, mais pour cela il faut faire valoir vos droits, soit vous-même personnellement, en présentant la matrice cadastrale, soit par signification ou conclusions des parties.

En cas d'usufruit, soit total ou partiel, le Jury peut fixer qu'une seule indemnité, à moins que les deux intéressés ne s'arrangent entr'eux de prime abord, et le Jury fixera une indemnité particulière pour l'usufruitier et une autre pour le nu propriétaire.

L'usufruitier, autre que père et mère ayant usufruit légal sur les biens de leurs enfants, ne peut toucher l'indemnité qu'à charge de donner caution, et cela même qu'il aurait été dispensé par l'acte constitutif de l'usufruit.

Cette question est réglée d'ordinaire devant les tribunaux.

Ce qui précède trouve également sa place pour les droits d'usages ou d'habitations.

Le locataire, le fermier, le métayer, ont droit, eux aussi, à une indemnité distincte.

Le locataire peut, s'il le juge utile, poursuivre lui-même le règlement de l'indemnité qui lui est dûe, si son propriétaire ne le fait pas et ce même après l'expiration du bail.

Difficultés étrangères

Le code Dalloz dit :

Le Jury n'est, à aucun degré, juge du droit de l'exproprié à une indemnité lorsque les droits du réclamant sont contestés et toutes les fois qu'il s'élève des difficultés étrangères à l'évaluation du montant de l'indemnité, celle-ci doit être réglée comme si les difficultés n'avaient pas été soulevées.

Limites d'Indemnités

Le Jury ne peut pas allouer une indemnité inférieure aux offres ou supérieure à votre demande.

Inversement si vous n'avez pas fait d'offres ou pas précisé votre demande devant le jury en donnant un chiffre déterminé en francs.

Le Jury peut vous donner une somme supérieure aux offres de l'expropriant.

Quels sont les recours contre la décision du Jury

C'est le pourvoi en cassation qui est seul admis.

Ce pourvoi est subordonné aux clauses suivantes et pour violation des dites clauses :

1° Aux formes prescrites par la loi pour la formation du Jury.

2° Aux formalités à observer pour la convocation des Jurés et la notification des noms des Jurés.

3° Aux devoirs du magistrat directeur.

4° Aux obligations du Jury.

5° Violation d'ordre public.

6° L'excès de pouvoir et la composition des juridictions.

Vous avez devant vous quinze jours, à partir de la décision du Jury, pour former votre opposition et votre pourvoi en cassation.

Ce pourvoi est jugé, notifié, etc., comme le pourvoi contre le jugement d'expropriation.

Vous devez consigner cent cinquante francs d'amende, qui est réduite de moitié, si la décision du Jury a été rendu par défaut.

Quand la Cour de Cassation casse la décision du Jury, elle renvoie l'affaire devant un autre Jury choisi dans le même arrondissement.

Les membres du premier Jury ne peuvent pas faire partie du deuxième Jury.

Quelquefois même la Cour de Cassation renvoie l'affaire à un Jury pris dans un arrondissement voisin et qui peut même appartenir à un autre département (cas très rare).

Règlement de l'Indemnité

Vous avez le droit, étant exproprié, de poursuivre vous-même le règlement de votre indemnite dans les six mois après le jugement d'expropriation.

Ce délai court à partir du jour du jugement.

Quand il y a cession amiable, vous avez la même faculté, et même s'il n'y a eu aucun accord sur le payement du prix, et cela après six mois du jugement du donné acte.

DÉFENSE DES EXPROPRIÉS

Payement des Indemnités

Nous rentrons ici dans la partie la plus intéressante pour l'exproprié.

Vous ne devez pas laisser à l'expropriant le droit de prendre possession de vos immeubles sans avoir vous-même touché l'indemnité que le Jury vous a allouée.

Jusque-là vous conservez votre propriété en pleine et entière jouissance ; vous avez un véritable droit de rétention ; si, par hasard, on entreprenait des travaux chez vous, sans que vous ayez reçu votre indemnité, c'est le juge des référés, qui serait seul compétent pour ordonner la cessation des travaux commencés.

Le payement doit comprendre le capital et les intérêts, moins les dépens, si la créance de l'expropriant est liquide.

Tous les expropriés, fermie[illegible]sufruitiers, locataires, etc., qui ont paru de[illegible]e Jury et qui ont eu une indemnité de ce chef[illegible]eux aussi un véritable droit de rétention.

Le locataire peut p[illegible]ndre à ce droit non seulement pour l'expropriant, [illegible]s aussi pour son propriétaire.

A moins que la d[illegible]ée de son bail ne soit expirée depuis le jugement d'expropriation, même si vous recevez un congé de l'expropriant, vous n'êtes jamais privé de votre droit de retention.

Le payement est fait d'habitude par le Trésorier-Payeur du Département, et sur un mandat du Préfet.

Il faut remarquer, et ceci est très important, que si le payement n'a pas eu lieu, ou si vous avez refusé l'indemnité, consignée dans les six mois de la décision du Jury, les intérêts de la somme qui vous est due, courent de plein droit à l'expiration de ce délai.

Prise de Possession

Dans le cas où vous refuseriez l'indemnité que vous a alloué le Jury, l'administration expropriante peut, malgré votre refus, prendre possession de votre immeuble, après des offres réelles et consignation.

A mon humble avis, il vaut mieux perdre partiellement, que de laisser consigner une offre.

Enregistrement et Timbre

Tous les actes faits en vertu de la loi du 3 Mai 1841 sont visés pour timbre et enregistrés gratuitement.

Ils sont également affranchis du droit d'hypothèque lors des contrats d'acquisition au bureau des hypothèques.

Malgré cette exemption le conservateur des hypothèques a toujours ses honoraires.

Au cas où l'enregistrement aurait perçu des droits auquels il n'a pas droit, vous avez un délai de deux ans pour formuler votre demande en restitution.

Ce délai court à partir de la perception des droits.

Pour les droits de timbre, le dit délai part du jour de la rédaction des actes.

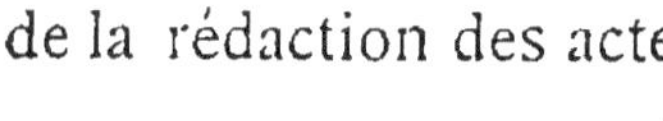

Conclusion

Je crois mon petit opuscule terminé ; il y a bien quelques cas, assez rares d'ailleurs, d'expropriations qui ne rentrent pas dans le cadre courant : Ex : Expropriation en cas d'urgence, ou pour travaux militaires. Mais cela ne nous occupe pas pour le moment et, d'ailleurs, à ce sujet une petite brochure est sous presse et va paraître incessamment et terminera heureusement les devoirs de l'exproprié, pour défendre sa propriété au mieux de ses intérêts.

Donc, ami Lecteur, bonne chance, conservez-moi et relisez-moi souvent.

J. L. C.

www.ingramcontent.com/pod-product-compliance
Lightning Source LLC
LaVergne TN
LVHW020248230826
846091LV00006B/2295
9782011267795